42
Lb 44.

MÉMOIRE

SUR

LES FINANCES,

ET

Sur les Moyens de pourvoir aux besoins urgens de la République,

PRÉSENTÉ

AUX COMMISSIONS DES FINANCES

DES DEUX CONSEILS,

ET AU

DIRECTOIRE EXÉCUTIF,

Le 23 Fructidor, an 5 de la République.

CITOYENS REPRÉSENTANS,

Le soussigné n'a pas perdu un seul moment de
vue les Finances de la république dans les diffé-
rentes crises que les précedentes Commissions des
finances leur ont fait parcourir.

S'il en eût été cru, le gouvernement français fe-
rait encore aujourd'hui la guerre aux implacables,
ou plutôt aux insensés ennemis de la république,
avec des mandats territoriaux.

A

Ces mandats avaient été institués dans le principe pour valeur numéraire, et furent légalement admis comme tels, *avec cours forcé*, dans toutes les transactions publiques et particulières. Ce fut donc vraiment un crime financier de la part de vos précédentes commissions, à l'époque du retrait des assignats, lors en circulation, de les faire retirer par les mandats, à raison de trente capitaux pour un seulement, tandis que le rapport de l'assignat au numéraire était alors à raison au moins de 250 capitaux pour un, ou si on aime mieux, de 6000 liv. à 24 liv., c'est-à-dire que, tandis qu'avec 25 liv. de numéraire un particulier se procurait 7250 liv. d'assignats, le trésor public était condamné à ne retirer que 750 liv. des mêmes assignats, avec un mandat territorial de même valeur de 25 liv. numéraire effectif, et ce, par la même loi qui imprimait à ce même mandat une valeur réelle et effective de 25 liv. numéraire dans toutes les transactions publiques et particulières !

Il y a de quoi frémir à la vue de pareilles dispositions, et si ce ne fut pas le crime le plus épouvantable qui ait été commis en finances, ce fut au moins le comble de la déraison et de la stupidité.

Voici quelques-uns des effets désastreux qui en résultaient nécessairement, et qu'il était néanmoins si aisé d'appercevoir.

1°. L'avilissement du mandat territorial au moment même de sa création.

2°. La loi atroce qui faisait acquitter des créances en numéraire effectif, avec une somme égale en papier ainsi notoirement avili.

3°. L'inévitable nécessité d'en venir un jour à une échelle de dépréciation, source à jamais déplorable de discussions et de procès entre les citoyens.

4°. La renaissance, avec de nouvelles fureurs,

de l'infâme agiotage, cette peste des mœurs et des vertus républicaines, agiotage funeste qui eût été totalement extirpé par le retirement subit et absolu des assignats.

5°. L'avilissement, et bientôt l'anéantissement total de 2,400,000,000 liv. de mandats territoriaux, originairement et justement créés néanmoins, pour représenter à tous égards une pareille somme en valeur effective.

6°. La vente à vil prix d'une très-grande quantité de domaines nationaux en vertu de l'absurde loi du 28 ventôse.

7°. La plus déplorable versatilité dans les loix financières.

8°. La cessation de tout crédit national, et par là la misère des rentiers, le peu de confiance dans la dette publique consolidée, etc. etc.

O République ! ô patrie ! Comment avez-vous pu résister à tant de maux ! Et toi, gouvernement, par quels miracles es-tu parvenu à te procurer les moindres ressources dans une situation et avec des principes aussi désordonnés ? Comment as-tu pu imprimer à la machine politique le mouvement et la vie au milieu de tant et de si puissans obstacles.

Voici cependant les avantages immenses qui résultaient du système contraire.

D'après les états sommaires du ministre de finances à cette époque, la nation avoit des domaines à sa disposition, valeur de 1790, pour une somme de 6 milliards, et avait hypothéqué sur ces domaines, en mandats territoriaux, une somme de. . . . . 2,400,000,000 l.

Et pour absorber les quarante-cinq milliards d'assignats en circulation, à raison de 250 capi-

De l'autre part. . . . 2,400,000,000 l.

taux au moins pour un, qui est
le plus bas cours qui existât alors,
il fallait déduire des 2,400,000,000
l. ci-dessus, une somme de   180,000,000 l.

Restait donc *en effectif* à la disposition de la nation, une somme
de   2,220,000,000 l.

De telle sorte néanmoins et avec un tel avan-
tage pour la république, que, tous les assignats
retirés de la circulation dans un délai prompt et
déterminé, les 180 millions de mandats étaient le
seul papier monnaie qui demeurât dans la circulation. Il y eût infailliblement été prisé plus que
l'or lui-même. Les 2,400,000,000 l. restans n'eussent été versés que goutte à goutte, à fur-et-me-
sure des dépenses; et ces dépenses eussent été
beaucoup moindres, à cause de la baisse qu'un tel
ordre de choses eût inévitablement occasionné dans
le prix de tous les objets et marchandises consom-
més par le gouvernement. Quarante-cinq milliards
d'assignats disparaissans en un clin-d'œil, pour
ainsi dire, devant cent quatre-vingt millions seulement du nouveau papier-monnaie! Qui peut cal-
culer jusqu'à quel crédit se fût élevé celui-ci,
placé comme il l'était au milieu de cinq milliards
de domaines nationaux, simultanément mis en
vente dans toutes les parties de la république, et
dont les produits auraient fait plus qu'absorber les
sommes en papier-monnaie que le gouvernement
eût jettées dans la circulation, pour pourvoir aux
dépenses extraordinaires de la république? Certes,
la France se trouvait dans une position infiniment
plus avantageuse et plus brillante sans doute que
l'assemblée de 1789, quand elle créa le premier

assignat, et il est évident, ou rien ne l'est, que le gouvernement pouvait, au moyen des deux milliards deux cent vingt millions d'un tel papier devenu véritablement effectif, faire la guerre sans de nouveaux besoins et pendant très-long-tems aux rois coalisés, ou mieux encore leur commander cette paix honorable, objet des vœux de l'humanité.

Malheureusement, toutes les résolutions prises sur les rapports de cette commission des finances et de celles qui l'ont suivies, ont été entachées de cette faute radicale que j'ai dépeint plus haut, qui, en démoralisant un peuple entier, dévora, pour ainsi dire, en un instant, 2,400,000,000 liv. de mandats territoriaux représentans une pareille valeur en effectif, et qui eussent suffi sans doute pour les dépenses extraordinaires d'une guerre de deux ou trois ans, impossible à soutenir par les ennemis de la France. De-là encore l'existence scandaleuse de deux sortes de papier-monnaie se combattant l'un et l'autre, et réunis cependant pour devenir la proie de l'agiotage le plus effréné et le plus corrupteur. De-là, la déplorable disparution de tout papier-monnaie, cette intéressante ressource de la nation française, et la nécessité de recourir à l'espèce purement métallique, et par-conséquent aux usuriers banquiers qui ont si souvent trompé le gouvernement. De-là enfin, toutes les sortes de pénuries, tous les marchés onéreux, les banqueroutes ou les retards de paiement pour ainsi dire hebdomadaires, l'anéantissement de tout crédit public, la disparution subite des ressources et des moyens de toute espèce.

Ce tableau du passé est affligeant sans doute (1) et je ne l'expose à vos yeux, citoyens représen-

—————

1) J'observerai cependant ici que, me trouvant à 200

tans , que pour vous prouver que l'esprit du roya-
lisme et de la contre-révolution a toujours cherché
à renverser la république et en dernier lieu sa
constitution , en les attaquant par les finances.

Combien ce même esprit contre-révolutionnaire ,
tout déjoué qu'il est par l'immortelle journée du
18 fructidor , ne cherchera-t-il pas à renouveller
ses attaques , à renouer ses trâmes criminelles , et
à reprendre ses avantages , à la vue du message
désespérant du directoire sur l'état actuel des finances de la république , et des ressources insuffisantes qu'il présente.

Mais , s'il est vrai que l'insuffisance de la plupart des mesures proposées est propre à entretenir
les coupables espérances des ennemis de la patrie ,
il vous sera bientôt démontré , citoyens représentans , qu'il en est de ces mesures qui , si elles
étaient adoptées , seraient destructives de toute
bonne foi , et enleveraient à jamais au gouvernement toute espèce de crédit public si indispensable
dans un grand empire.

Et d'abord , qu'est-ce que cette proposition de
mobiliser la dette publique ? n'est-elle point assez
mobile par la facilité des transferts ? on veut l'ad-
mettre en paiement des biens nationaux ! Cela n'est

lieues de Paris à l'époque des premiers bruits de la création
de 2,400,000,000 liv. de mandats territoriaux , je me rendis
avec la plus grande diligence à Paris , pour faire opérer
le retirement des assignats par les mandats *au cours du
numéraire effectif* , mesure salutaire qui eut donné à la
France des moyens immenses. J'en parlai au Directoire
exécutif ; mais je trouvai les commissions des finances
tellement environnées , trompées et séduites par les ag-
teurs et voleurs publics , que la déplorable résolution de
50 capitaux pour un passa aux deux Conseils , et la contre-
révolution dans les finances et leur ruine furent à jamais
consommées.

il pas fait par les lois des 16 brumaire et 9 germinal ? Mais si sous l'expression *mobiliser* on entendait porter atteinte au grand livre de la dette publique , et achever de réduire à l'aumône cent mille vieux rentiers dont les rentes sont l'unique pain , ne serait-ce pas se couvrir d'un opprobre ineffaçable aux yeux de tous les républicains et de l'Europe entière ? Je ne puis me persuader que le directoire ait pu avoir une pareille idée : il n'oubliera jamais sans doute que la stabilité du crédit national dépendra essentiellement et toujours du respect qu'aura le gouvernement pour la dette publique consolidée, et pour le paiement, au moins proportionnel, des intérêts qui en sont dus, semestre par semestre. Quel est donc ce cri d'allarme , vomi sans doute par l'agiotage , et qui vient de retentir dans l'ame des rentiers qu'on promit toujours de soulager, si intéressans d'ailleurs par leur misère et leur patience ? Quelle est cette baisse subite qui anéantit à leurs yeux les douces espérances qu'on leur fit entrevoir d'un meilleur avenir ? Qu'on se hâte donc de calmer leur désespoir, et de pourvoir par toutes sortes de moyens à une dette aussi sacrée.

2°. Qu'est-ce que cette proposition de régler à l'instant les contributions directes de l'an 6 , et cette autre proposition d'autoriser le directoire à pourvoir aux dépenses de la campagne par des délégations sur les contributions non recouvrées ? Quelles espérances les ennemis des Français ne concevraient-ils pas d'une pénurie aussi hautement avouée !

3°. Qu'est-ce, enfin, que cette proposition d'exiger des receveurs et de leurs préposés (des préposés ! Eh ! que devient la dépendance où ceux-ci doivent être du receveur-général ?) des soumis-

A 4

sions pour le paiement des impositions dont le recouvrement leur est confié ? Quelle nouvelle tâche au crédit public qu'une telle anticipation ? Mais d'ailleurs, les inconvéniens de cette mesure sont palpables. Car, ou les soumissions des receveurs seront usuraires, et de-là perte pour le gouvernement, démoralisation légale des principaux agens de la fortune publique, etc, ou bien elles seront impossibles, faute d'un crédit et de moyens suffisans, et dès-lors cette ressource tombe.

Au reste, je ne me pardonnerais jamais si, dans un moment où le directoire exécutif a continué de si bien mériter de la patrie en détruisant la conspiration royale, forcé par ma conscience de réfuter quelques-unes des mesures par lui proposées, et d'en démontrer le danger, j'avais pris la plume sans lui indiquer ainsi qu'à vous, citoyens représentans, de nouvelles ressources et de nouveaux moyens.

Il est un point à-peu-près généralement reconnu et senti, c'est qu'il faut de l'argent, et qu'il en faut pour ainsi dire à l'heure même ; le maintien du crédit public, le salut et les nouveaux triomphes de la patrie en dépendent.

Le directoire propose pour ressource du moment le rétablissement instantané de la loterie nationale. J'ajouterais à cette mesure celle d'un droit modique sur les sels fabriqués dans toute l'étendue de la république, mais dont la perception n'aurait lieu que dans les mêmes locaux de leur fabrication.

Le directoire propose encore d'être autorisé à faire des délégations sur les contributions anticipées de l'an 6. Et moi, je dis ; Législateurs, faites payer auparavant les deux derniers cinquièmes de l'an 5, sur les derniers rôles de l'an 4.

Mais direz-vous, citoyens représentans, pour

quoi faut-il que les nouveaux rôles des contributions foncière et mobiliaire de l'an 5 ne soient pas
encore faits ? La cause en est dans l'insouciance
à cet égard de la plupart des administrations des
départemens, et dans l'influence contre-révolutionnaire qui sait très-bien, que les états ainsi que
les particuliers qui paient toujours et ne reçoivent
rien, marchent sans contredit vers une ruine inévitable. De-là, l'irrévocable nécessité d'établir un
bureau d'administration centrale des contributions
publiques qui, sous l'inspection et la surveillance
du ministre des finances et du directoire exécutif,
et sous la responsabilité de chacun des membres de cette administration, ait opéré, *dans
des délais déterminés*, la répartition de la masse
des contributions directes entre les divers départemens, et par suite entre les divers cantons de la
république, et qu'elle en ait assuré la perception
de telle manière, que les versemens en soient inévitablement faits dans les caisses des receveurs,
*dans un délai également déterminé et sous la res-
ponsabilité d'usage*, le tout de telle manière encore, que dans le cas du moindre retard dans les
versemens, les préposés aux contributions dans les
départemens reçoivent garnison, sauf auxdits préposés à en faire déverser les frais sur les percep-
teurs en retard, et par ceux-ci sur les contribuables, sous les modifications néanmoins naturelle-
ment prescrites en faveur des citoyens contribuables, dont l'infortune serait notoirement constatée :
encore même dans cette hipothèse, faudrait-il,
pour assurer rigoureusement la perception exacte du
montant de l'impôt législativement établi, ordonner à
cet égard que les basses cottes d'impuissance constatée
fussent portées de suite sur les cottes les plus éle-
vées par des rôles supplémentaires.

Il faudrait statuer encore, par les mêmes motifs, qu'il ne serait prononcé sur aucune demande en dégrèvement de la part des contribuables envers l'administration du canton, de celle-ci envers le préposé aux contributions du département, et de ce dernier envers l'administration des contributions publiques, que pour l'année qui suivrait le versement effectué dans l'année précédente.

Mais quoi ! dira-t-on, des garnisons ! y pensez-vous ? Voulez-vous revenir à l'ancien régime ? Ah ! répondrai-je, si les impôts étaient rigoureusement exigés sous le gouvernement féodal et monarchique, combien ces mêmes contributions ne doivent-elles pas être exigées plus rigoureusement encore sous le régime républicain où le gouvernement au lieu d'opprimer, protège ; où les citoyens, avant d'appartenir à leurs familles et leurs amis, appartiennent à la patrie ; où c'est un crime de lèze-corps-social, quand celui-ci par défaut de dévouement de la part de ses membres, ou se laisse déshonorer par une honteuse banqueroute, ou périt faute d'alimens pour maintenir son existence. Tous les citoyens, et leurs biens et leurs vies sont tout entiers à la patrie à raison de leurs forces, de leurs moyens et de leurs facultés physiques, morales et pécuniaires. Cette vérité incontestable, source vraiment féconde de tous les miracles de patriotisme que l'histoire des républiques anciennes nous atteste, sont aussi les uniques, mais les plus sûrs garants de l'immuable stabilité de la république française.

Mais cette république, cette patrie, ne sont-elles point déjà anéanties, lorsqu'au milieu de dépenses immenses autant qu'inévitables, l'impôt est arriéré. (Voilà pour la culpabilité des administrateurs chargés des recouvremens), et que l'acquit

de ce même impôt ne serait plus aux yeux du citoyen ingrat à sa patrie et traître à la société, le
plus cher comme le plus sacré de ses devoirs?
(Voilà pour la culpabilité lèze-nationale des simples citoyens).

Revenons encore aux principes. « Toute contri
» bution est établie pour l'utilité générale, dit la
» déclaration des droits, art. XVI; elle doit être
» établie entre les contribuables, en raison de leurs
» facultés. Le corps législatif, dit encore l'acte cons
» titutionnel, art. 303, peut créer tel genre de
» contribution qu'il croira nécessaire. Tout citoyen,
» dit encore la déclaration des devoirs, art. 9,
» doit ses services à la patrie et au maintien de la
» liberté, de l'égalité, et de la propriété, toutes
» les fois que la loi l'appelle à les défendre ».

Eh! je vous en prie, citoyens représentans, que
deviendraient la liberté, l'égalité, la propriété,
la patrie même, si, pour s'éviter le juste sacrifice
d'un peu d'or, ses ingrats citoyens, ses citoyens
aisés forçaient la république à de nouveaux combats contre les ennemis du dehors, et l'exposaient
à de nouveaux déchiremens dans l'intérieur par
des factions liberticides? Encore un effort, direz-
vous à vos concitoyens, Représentans du peuple,
encore un effort à raison de vos moyens, de vos
facultés, de votre civisme, qui n'atteigne si vous
voulez que votre superflu! Est-ce, pour ainsi
dire, au bout de la carrière, qu'il faut perdre courage? Encore un effort, et les rois coalisés tombent à vos genoux; et vous devenez le premier
peuple du monde; et la paix la plus prompte et
la plus honorable vous comblera de ses bienfaits.
Elle réjouira, cette paix fortunée, les mânes augustes de ces héros, dont la mort glorieuse, en
défendant la liberté, assure davantage leur immor-

talité. Et ces hommes n'on moins héroïques, mutilés et couverts de cicatrices, en combattant pour la patrie, trouveront dans cette même paix le fruit de leurs travaux, de leurs dangers, de leurs sacrifices, plus grands sans doute que les vôtres ; ils y trouveront enfin leur plus belle et leur plus glorieuse récompense.

Je dis donc, Citoyens représentans, que pour pourvoir efficacement et avec la promptitude devenue indispensable, à la détresse momentanée du trésor public, vous devez, en vertu de l'art. 303 de la constitution, établir sur les citoyens aisés de la république un *impôt* (1) *forcé*, extraordinaire, et pour cette fois seulement, sous le nom, dont la valeur française garantira la justesse, de *taxe de paix*.

On aurait beau, Citoyens représentans, me contester *la justice* de cette mesure : elle consiste, *cette justice*, dans le principe incontestable que le corps social ne saurait subsister sans les secours des citoyens qui le composent, proportionnels aux facultés de ceux-ci et aux besoins de celui-là.

On aurait beau m'objecter encore, citoyens représentans, le souvenir récent de l'emprunt forcé ; car, outre que la société ne regarde jamais aux sacrifices passés de ses membres quand ses besoins se renouvellent, et moins encore quand son existence même est compromise ; il est à observer, 1°. que l'emprunt forcé a été presque généralement payé en papier déjà absolument discrédité, et une grande partie de ses produits remise aux contribuables pour

______

(1) Je définis l'impôt : *Le juste tribut de chaque citoyen, à raison de ses facultés, pour assurer le maintien et la prospérité du corps social. Il est le prix de la protection qu'il accorde à ses membres, et de la sûreté dont il les fait jouir.*

satisfaire à leurs impositions ; et 2°. que par un effet du furieux et détestable agiotage introduit par notre précédente législation financière, toute la surface de la France est aujourd'hui peuplée de nouveaux riches qui n'ont encore contribué en rien en faveur de la république, et dont la magnificence scandaleuse ne peut leur être pardonnée qu'en faveur de leurs offrandes, à proportion de leurs richesses, à la république qui les protège et à la patrie qui les nourrit.

Enfin, citoyens représentans, et je le déclare hautement à la France entière, si vous avez considéré ainsi que moi l'état de nos finances, les besoins actuels et pressans de la république, l'importance du maintien du crédit public, les devoirs de vos concitoyens, les vôtres, tout ce qui exige de vous le courageux dévouement dont vous venez de donner des preuves si solemnelles à la patrie ; vous verrez que son salut est là, qu'il est dans cet impôt sacré quoiqu'extraordinaire ; que toutes les petites mesures, même celles des impôts indirects dans toute leur latitude seraient insuffisantes, et vous n'aurez pas appellé en vain les républicains français à de nouveaux sacrifices, pour leur assurer à jamais par une paix prochaine, autant que glorieuse, le prix de tant d'efforts, de travaux, de combats, de dévouement et de victoires.

F. V. AIGOIN, *ancien Commissaire de la Trésorerie Nationale.*

P. S. Il est aisé de sentir que ce Mémoire sur les Finances dans lequel on exige, et d'après lequel on peut compter sur de nouveaux sacrifices pécuniaires de la part des républicains français, sacrifices indispensables pour maintenir leur liberté et leur constitution , sera suivi d'un nouveau mémoire qui indiquera des moyens assurés de faire rendre gorge aux voleurs infâmes qui ont si horriblement dilapidé la fortune publique.

J'ai dit que les mesures présentées dans le message du Directoire , même prises en masse , seraient insuffisantes pour pourvoir aux besoins présens ; j'en ai blâmé quelques-unes , mais j'avoue que j'ai été frappé des grands avantages qui doivent résulter, sous tous les rapports , pour la république , de l'augmentation du droit d'enregistrement sur les successions collatérales.

Nota. Il a été distribué aux Membres du Conseil des Anciens un exemplaire de cet Ouvrage qui se trouve incorrect : ils sont priés de n'avoir égard qu'à celui-ci.

De l'imprimerie du Bureau central d'Abonnement à tous les Journaux, *Place Vendôme*, N°. I.

9 782014 029819